UN PATRIOTE

DE 1789,

HABITANT DE PONTIVY,

OU

OPINIONS ET RÉFLEXIONS

Sur le Gouvernement ;

Par Soymié Père.

Les hommes naissent libres et égaux en droits.
(Décl. des Droits de l'Homme).

Pontivy.

ARMAND LEMAITRE, LIBRAIRE.

—

1834.

OPINIONS

ET RÉFLEXIONS

SUR LE GOUVERNEMENT.

INTRODUCTION.

La souveraineté réside dans le peuple ;
c'est un principe admis. Cette souveraineté
ne peut être exercée au nom du peuple que
par des mandataires élus par lui : c'est une
conséquence juste, aussi l'Assemblée Constituante ne mit d'autres conditions à la participation du droit de souveraineté pour chaque
citoyen, que de payer une contribution personnelle de trois journées de travail.

Aujourd'hui il faut payer 200^f pour concourir à l'élection des députés au corps législatif. Le corps législatif fait les lois ; la
loi doit être l'expression de la volonté générale : les citoyens qui paient moins de 200^f
ont-ils cédé leurs droits à ceux qui paient
cette contribution ? Non ; ils en ont été pri-
vés par la considération que tout homme
qui n'est pas assez riche pour payer cette
contribution, ne peut être suffisamment in-

téressé au maintien de l'ordre public. C'est
pour détruire cette prévention que je me suis
livré à ce travail, dont le premier objet est
de prouver le vice de la loi actuelle des élections, et les avantages qui résulteraient des
élections indirectes auxquelles participeraient
tous les citoyens payant la contribution de
trois journées de travail.

A mes observations sur cette loi impor-
tante, j'ai ajouté quelques réflexions sur la
loi municipale; elles font le sujet du premier
chapitre de cet opuscule et sont du mois de
décembre 1833. Les événemens de Paris et
de Lyon me parurent être le signal d'une insurrection générale contre le gouvernement
établi depuis 1830. Cette insurrection a été,
il est vrai, comprimée par la force; mais la
cause qui l'a produite n'a pas été détruite.
Je me suis donc occupé de la recherche de
cette cause et des moyens de prévenir de
pareils malheurs : c'est le sujet principal du
deuxième chapitre. Les observations que je
me permets sur les différentes parties de l'administration générale du royaume, ne paraî-
tront pas déplacées aux lecteurs qui comme
moi n'ont d'autre ambition que de concourir
au bien public, et je préviens que, parlant
de l'aristocratie nouvelle, je suis bien éloigné
de comprendre sous cette dénomination les
électeurs en général; mais seulement les
hommes qui ont profité de la révolution de
juillet 1830 pour établir un ordre de choses

tel, qu'eux seuls et leurs protégés peuvent jouir des faveurs du gouvernement. Le troisième et dernier chapitre, écrit le jour même de l'élection du député de l'arrondissement, justifie mes observations du chapitre précédent, et renferme mes vœux pour le bonheur et la prospérité de la patrie.

Un homme de génie aurait donné à un sujet d'une aussi haute importance tous les développemens dont il est susceptible : mes idées ne sont que des matériaux grossièrement ébauchés ; mais s'ils sont reconnus de bonne qualité, un autre leur donnera le poli nécessaire pour être mis en œuvre dans le grand édifice du bonheur social. Au commencement du deuxième chapitre, je déclare n'avoir reçu aucune éduca ion ; cela n'est pas tout à fait vrai, puisqu'en 1781, alors âgé de quatorze ans, je faisais ma cinquième au collége de Vannes : depuis quinze ans jusqu'à ce jour je me suis exclusivement livré aux occupations de mon état ; ainsi, lecteur, indulgence pour un écolier de cinquième.

CHAPITRE PREMIER.

Qui jouit des avantages doit supporter les charges, et par une conséquence toute naturelle, qui supporte les charges doit jouir des avantages : ces principes si simples et si lumineux sont néanmoins méconnus dans notre législation actuelle, et c'est ce qui donne lieu aux pétitions sans nombre qui se font de toutes parts pour en réclamer l'adoption.

La loi étant l'expression de la volonté générale, cette volonté ne sera jamais connue que quand tous les citoyens auront concouru à la confection des lois ; comme je n'entends par citoyens que ceux qui paient un impôt quelconque, je ne comprends pas, sous cette dénomination, ces hommes qui ne sont qu'un fardeau pour la masse des citoyens ; on doit travailler à l'amélioration du sort de cette classe encore trop nombreuse, et aux moyens de la faire jouir le plus tôt possible des avantages des citoyens ; mais elle ne peut aujourd'hui participer aux exercices des droits politiques ; ainsi je crois que pour mettre le principe ci-dessus établi en exécution, tout citoyen doit concourir d'une manière plus ou moins directe à la nomination des députés au corps législatif.

Il faudrait conséquemment que, dans toutes les communes, les citoyens réunis en assemblées primaires, sous la présidence du maire de leur commune nommassent des électeurs dans la proportion d'un par cent votans. Ces électeurs, choisis parmi les votans, s'assembleraient au jour indiqué dans le chef-lieu de l'arrondissement pour élire le député de l'arrondissement, qui devra être choisi dans la masse des électeurs Ce député recevrait une indemnité qui sera déterminée; cette indemnité sera prise sur la contribution foncière, exclusivement, au moyen de centimes additionnels, au marc le franc, sur la cote de chaque contribuable. D'après cette disposition, puisque l'éligibilité s'étendrait sur toutes les classes des citoyens, on trouverait un plus grand nombre de députés dignes de la confiance de leurs commettans.

Ce mode d'élection nous semble facile et légitime, et la mise en exécution incapable d'exciter les plus légers désordres : nous allons y ajouter quelques observations. Comme nous avons posé pour principe que tout individu porté au rôle des contributions est par cela seul, citoyen et électeur, les jeunes gens qui sont encore sous la dépendance de leurs parens, pourront, lorsqu'ils auront atteint l'âge de 21 ans, jouir de l'exercice des droits politiques, moyennant qu'ils s'imposeront volontairement au minimum de la contribution personnelle, qui devra être de trois journées de travail ; ces journées ne pourront être fixées, dans aucune localité, au-dessous d'un franc. Il nous semble, en outre, que la loi devrait exclure rigoureusement des rangs des électeurs : 1º tout homme qui aurait fait faillite ; 2º tous ceux qui auraient encouru un jugement de police correction-nelle, tout homme d'une immoralité notoire.

Pour ce dernier cas, les jeunes-gens devront, avant d'être admis à l'exercice de leurs droits de citoyen, passer à l'examen du conseil municipal de leur commune, qui seul serait juge des causes d'exclusion.

En conséquence des attributions que nous venons d'assigner aux conseils municipaux, on ne pourrait y admettre que des hommes âgés de 40 ans ; il n'est pas nécessaire de dire qu'ils devront être à l'abri de tout reproche, leur nomination étant déjà une preuve qu'ils jouissent de l'estime de leurs concitoyens. Nous croyons qu'il n'est pas inutile de déve-lopper nos principes sur la loi municipale : la place de maire étant tout-à-fait populaire, la nomination directe doit appartenir au peuple, conséquemment, celle de ses adjoints. Il en est de même de l'emploi du juge-de-paix ; mais quant à ce dernier, il me paraît prudent de n'admettre à cette magistrature que des citoyens qui ont fait leur droit. Le juge de paix ne pourrait être nommé pour moins de cinq ans ; ses émolumens, ainsi que ceux de son greffier, devront être fournis par tous les citoyens du canton, au moyen de centimes additionnels sur la contribution mobilière, personnelle, et sur la taxe des portes et fenêtres, en ayant soin de faire une diminution proportionnée sur le budget général du royaume.

CHAPITRE II.

Les désastreux événemens de Paris et de Lyon, m'ont décidé à développer de nouvelles idées sur le gouvernement de la France. L'on ne doit pas s'attendre à trouver dans cet écrit l'élégance du style, encore moins des théories métaphysiques ; si l'on y voit des idées saines, des principes justes, c'est tout ce que l'on peut attendre d'un homme sans éducation, et qui, parvenu à la soixante-cinquième année de son âge est plus instruit par les événemens qui se sont passés sous ses yeux depuis plus de quarante ans, que par la lecture de ces innombrables volumes écrits sur les différentes formes de gouvernement. Le meilleur, suivant moi, est celui qui peut assurer au peuple tranquillité et liberté. Le gouvernement républicain impose trop de devoirs pour des hommes comme les Français, dont le caractère distinctif est la légèreté et l'égoïsme ; il ne pourrait s'é-

tablir en France que par suite d'une com-
motion violente : les plus zélés partisans de
ce gouvernement sont les jeunes-gens : je ne
crois pas que ce soit l'amour de la liberté ,
de la patrie, qui leur inspire un si vif enthou-
siasme pour les formes républicaines , mais
plutôt le mécontentement que leur fait éprouver le gouvernement actuel. Ces sujets de mécontentement cesseront d'exister du moment
où la loi sur les élections sera changée , et
si le mode que je propose remplaçait la loi
existante; l'espoir qu'ils auraient de parvenir
par leur mérite et leurs vertus aux honneurs
et aux places auxquels la fortune seule donne
aujourd'hui des droits , les attacherait par
leurs propres intérêts à la monarchie constitutionnelle. Voilà déjà une classe nombreuse
dont le gouvernement s'assure l'affection
par un moyen juste , préférable à celui de
la force , dont l'action peut bien comprimer
pour un moment les projets révolutionnaires,
mais qui, dans l'état actuel des choses, trop
en opposition avec les principes de l'égalité
des droits sociaux, bien connus non-seulement de tout homme instruit mais qui a
du bon sens, doit amener, un peu plus tôt ou
un peu plus tard, une révolution générale
comme celle de 1788. C'est pour l'éviter que
le chef de l'état doit se rapprocher le plus
possible de la constitution de 1789 , chef-
d'œuvre de l'Assémblée Constituante, la seule
que la nation ait réellement sanctionnée par

son adhésion unanime. Tous les changemens opérés depuis cette époque jusqu'à ce jour ont été l'ouvrage des factions, le droit des baïonnettes, et le résultat des malheurs publics, ou pour m'expliquer plus clairement les revers de Napoléon, qui ont donné aux ennemis de la France le droit de lui imposer un maître. Si le successeur de Louis XVIII avait marché sur les traces de son frère, la révolution de 1830 n'eût pas éclaté, et la France serait paisible sans être libre, puisque la Charte constitutionnelle nous était octroyée par la pure bonté du roi. Son infraction par Charles X, l'a fait descendre du trône ; Louis-Philippe, duc d'Orléans, a été appelé par un certain nombre de députés au corps législatif à lui succéder : ces mêmes députés auraient bien fait de profiter de la circonstance pour exhumer la constitution nationale. Louis-Philippe, qui avait combattu pour elle sous le nom de Philippe-Egalité, ne se serait pas sans doute refusé à l'accepter : son autorité, il est vrai, aurait été plus restreinte que par la Charte actuelle ; mais la liberté du peuple aurait eu toute l'extension qu'il est possible de lui donner sans tomber dans la licence. L'égalité des droits eut été reconnue, voilà ce que ne voulaient pas les aristocrates bourgeois. Le sang du peuple a coulé, eux seuls ont profité du changement de dynastie, et eux seuls aussi montrent un dévouement sans borne

pour le roi de leur choix, qui fait pleuvoir
sur eux toutes les faveurs, tandis que le pe-
tit nombre de députés qui sont les défenseurs des intérêts du peuple, sont par cela
seul repoussés et exclus de toute place à la
nomination du roi.

Ainsi ces messieurs, connus sous la dénomination de *juste-milieu*, repousseront toujours avec dédain tout changement à faire à
la constitution actuelle ; ils trouvent les
choses très-bien comme elles sont pour
leurs intérêts. Mais ces hommes qui, loin
d'être les défenseurs des droits imprescrip-
tibles du peuple, ne sont que les appuis
du pouvoir, continueront-ils de jouir de
tant de prérogatives ? Non sans doute, si le
peuple, éclairé sur ses vrais intérêts, mani-
feste son vœu, non par des émeutes, mais
par la voie légale des pétitions. La constitution de 1789 étant la seule qui lui offre
toute la possession de ses droits naturels,
il doit la réclamer d'une voix unanime ; vai-
nement l'orgueilleuse aristocratie voudrait
s'opposer à l'expression de la volonté générale, elle doit faire loi ; y résister, c'est na-
ger contre le torrent, conséquemment, s'ex-
poser à se noyer. Ce ne sont pas les hommes
les plus riches dans un état qui ont le plus
d'instruction, encore moins de vertu ; tant
que le peuple ne pourra être exclusivement
représenté que par cette classe, ses vé-
ritables intérêts seront toujours méconnus.

et négligés. C'est parmi les riches, plus que dans la classe d'une honnête aisance, qu'on remarque l'égoïsme le plus caractérisé; je parle ici en général, il y a des riches qui joignent aux avantages de la fortune les qualités de l'âme, l'esprit de désintéressement et l'amour de la justice, ces hommes sont nécessairement partisans de l'égalité des droits, et ils auront toujours des titres à la confiance de leurs concitoyens; leurs antécédens joints à cela, pour ceux qui ont déjà été députés leur est un sûr garant de la préférence qu'on devra leur accorder sur des hommes qui ne se sont pas encore trouvés dans une position à faire preuve de dévouement à la patrie et d'attachement aux vrais principes.

Mon intention comme mon désir le plus ardent étant de voir finir nos funestes divisions, et de rappeler l'union qui fait la force, l'assemblée des représentans de la nation, qui à l'avenir devra s'appeler l'Assemblée Nationale, doit donner au peuple qu'elle représente, l'exemple de cette union si désirable; en conséquence, plus de côté droit, de côté gauche ni de centre : à l'ouverture de la session, le sort assignera les places des députés de chaque département.

Le titre de citoyen étant à mes yeux le plus honorable, il doit, dans l'assemblée remplacer celui de monsieur; ainsi, les ministres du roi, adressant la parole, soit collectivement ou en particulier aux députés, devront employer cette qualification. Il doit en être de même dans les conseils généraux de département, d'arrondissement et des mairies. En conséquence, on devra écrire sur les registres : assemblée du conseil de, etc., présidé par le citoyen. . . . , où étaient présens les citoyens, etc. Dans les rapports de particuliers à particuliers, le mot de monsieur doit de préférence être conservé ; car si le titre de citoyen était généralisé, il perdrait de sa dignité ; il ne doit être en usage que pour les élus du peuple dans l'exercice de leurs fonctions. On pourrait ajouter la qualification de respectable pour les députés de l'Assemblée Nationale , présidens des conseils de département , de canton et de municipalité ; et celle d'illustre citoyen pour les hommes qui y auraient droit par des services éminens rendus à la patrie.

La loi étant, comme nous l'avons dit , l'expression de la volonté générale, l'Assemblée Nationale, essentiellement législative , aurait seule le droit de faire des lois ; l'Assemblée des Pairs aurait celui de les modifier ; le roi y ajouterait sa sanction, mais dans le cas où les pairs se refuseraient à prendre en considération un projet de loi proposé par l'Assemblée Nationale ; il s'en suivrait naturellement qu'il n'y aurait pas lieu à la sanction du roi : si au contraire le projet de loi est adopté par les pairs sans modification , ou que les modifications qu'ils auraient faites à la loi proposée auraient été admises par l'assemblée, le roi ne pourrait refuser sa sanction à une loi que le vœu de la nation réclame et que la sagesse des pairs a reconnu nécessaire. Le roi pourra également proposer par les ministres des projets de loi ; mais avant qu'ils deviennent l'objet d'une discussion, ils devront être renvoyés à un comité spécial pour voir si la loi proposée ne contient aucune disposition contraire à la constitution, et ce ne sera que d'après le rapport négatif ou affirmatif sur cette question que le projet de loi sera pris en considération, pour devenir la matière d'une discussion dans le premier cas, ou d'un renvoi motivé dans le second, en signalant l'article de la loi proposée qui serait en opposition avec la constitution. Lorsque ces projets de loi seront adoptés par les représentans de la nation, ils devront en outre avoir l'assentiment des pairs pour devenir loi du royaume.

Je ne ferai pas l'injure à MM. les Pairs de supposer qu'ils refuseront leur concours indispensable pour des lois utiles au peuple, cependant le cas peut arriver que l'intérêt particulier, l'amour-propre blessé, l'emportent de la part du plus grand nombre d'entre eux sur l'intérêt général ; alors la loi à laquelle ils auraient refusé de donner leur approbation deviendra loi du royaume, si, à la session suivante, elle est proposée de nouveau ; car , d'après mes principes , l'intérêt et la volonté générale doivent franchir tous les obstacles. Mais , me dira-t-on , dans la constitution de 1789, l'institution des pairs n'existait pas : je le sais bien , mais aussi s'il n'y avait pas une chambre des pairs , je proposerais l'établissement d'un conseil des anciens , et j'invite les lecteurs à faire attention que je désire que l'on se rapproche le plus possible de cette constitution , quant à l'administration ; mais pour ce qui est des droits communs à tous les citoyens sous la condition déterminée , voilà ce qu'il faut de rigueur et sans restriction reconnaître pour que la souveraineté nationale ne soit pas illusoire, et l'égalité des droits dérisoire. Ces principes établis , nos nouveaux nobles sans parchemins se verront forcés d'identifier leurs intérêts avec ceux du peuple, s'ils veulent avoir des droits à sa confiance ; les nobles d'extraction, pour atteindre le même but, seront également obligés d'employer ce moyen. Les titres de recommandation pour les hommes étrangers à ces catégories , seront leur mérite et leurs vertus morales et civiques ; ainsi , laissant toute latitude aux électeurs dans le choix des députés , la société y gagnera sous le rapport de la morale publique. Dans l'état actuel des choses , l'on veut premièrement s'enrichir par tous les moyens possibles, afin de jouir des honneurs et des priviléges exclusivement attachés à la fortune ; sans négliger les intérêts de sa famille l'on s'écartera moins des principes de la probité et de l'honneur, lorsqu'il ne suffira pas d'être riche pour devenir député; et le corps législatif ou l'assemblée nationale, comme l'on décidera de l'appeller, comptera plus de défenseurs de la liberté du peuple que de serviles approbateurs des propositions si souvent faites par les ministres pour y porter atteinte. Je dis plus, la généralité de la représentation nationale devra être fidèle à ses devoirs, si à la fin de la session, et pour être réélu, le député doit avoir un certificat de la majorité des conseils municipaux de l'arrondissement attestant que sa conduite en cette qualité est irréprochable; et j'ajoute que, pour donner au peuple une plus forte garantie de la fidélité de ses mandataires, si le citoyen que leur confiance appelle à le représenter occupe un emploi à la nomination du roi, il devra opter entre cet emploi ou celui de député. Les élections pourraient être pour cinq ans. Les élections des municipalités devraient également avoir lieu tous les cinq ans, ainsi que celles pour la garde-nationale. Il nous paraît convenable que les conseils d'arrondissement soient formés par les conseils municipaux, les conseils généraux de département par les conseils d'arrondissement : le corps législatif déterminerait le mode de leur formation.

Résumant toutes mes idées. Pour atteindre le but si désirable de l'union entre tous les citoyens, et ne laisser aucun sujet de mécontentement et par suite aucun prétexte d'insurrection, il faut indispensablement que tout Français qui paie la contribution personnelle jouisse du premier degré de l'exercice des droits civiques, qui est de nommer des électeurs dans les assemblées primaires : ces électeurs, réunis en assemblée électorale, nomment les députés, qui se trouvent alors réellement les représentans de la nation, et qui, en cette qualité et réunis, font les lois jugées nécessaires, fixent l'impôt, et, au nom du peuple et en qualité de ses mandataires, exercent la souveraineté qui réside dans l'ensemble des citoyens, souveraineté qui est inaliénable, et à laquelle on ne peut porter atteinte sans se rendre coupable de tyrannie et de révolte contre la nation.

L'assemblée des pairs est un corps intermédiaire entre le peuple et le roi, et dont la destination est de perfectionner les lois proposées par le corps législatif. La constitution actuelle donne au roi le droit de créer des pairs à sa volonté ; l'expérience a prouvé qu'une aussi grande latitude était un abus ; ce sera à la sagesse du corps législatif d'en fixer le nombre et le traitement. Maintenant que nous avons exposé notre opinion sur les deux grands corps de l'état, nous allons nous permettre quelques observations sur la prérogative royale.

Dans une monarchie absolue, un roi bien pénétré de ses devoirs, et qui, sur la terre, veut être l'image de la divinité, n'a pas trop de pouvoir; mais si, au contraire, et malheureusement ce qui est le plus fréquent, loin de se considérer comme le père de ses sujets, il ne voit en eux qu'un vil troupeau d'esclaves, qu'il peut, suivant son bon plaisir, sacrifier à son ambition, quel abus ne fera-t-il pas de ce pouvoir? Alors, pour des intérêts de famille, étrangers à ceux de la nation, une guerre est entreprise; le sang du peuple coule; de nouveaux impôts deviennent nécessaires. Vainqueurs, les avantages ne compensent jamais les pertes faites; vaincus, il faut acheter la paix à des conditions humiliantes : c'est pour prévenir de pareils malheurs, qu'il me paraît juste qu'aucune guerre offensive ne soit entreprise par le roi, sans que la chambre des députés et celle des pairs ne l'aient reconnue légitime, et par cela même indispensable; et le roi doit la déclarer au nom de la nation, qui devra faire tous les sacrifices nécessaires pour la terminer promptement, et obtenir de l'ennemi pleine et entière satisfaction. Dans le cas d'une coalition de plusieurs puissances contre la France, et qu'on se vît exposé à une invasion, on doit déclarer la patrie en danger, appeler aux armes la garde-nationale tout entière. La jeunesse française, dans cette circonstance impérieuse, doit se porter en masse à la frontière pour être incorporée dans les régimens de ligne, et ne pourra rentrer dans ses foyers qu'après la paix conclue. Aucune exemption ne pourra être admise pour les jeunes gens qui ont les qualités physiques ; les places, les emplois qu'ils occuperont leur seront conservés, et le fils de l'homme de 50,000 francs de rente devra payer sa dette à la patrie comme le fils du simple ouvrier. Enfin, dans le cas inévitable d'une guerre offensive ou défensive, l'on devra employer de grands moyens, et développer s'il le faut toutes les forces nationales. Si l'on est vainqueur, montrer beaucoup de modération ; si l'on éprouve des revers, ne pas se laisser abattre, et Paris serait-il au pouvoir des ennemis, ne consentir à la paix qu'à la condition de la conservation de l'intégralité du territoire français S'il ne me paraît pas prudent de laisser au roi le droit de la paix et de la guerre, je ne le reconnais pas moins comme le chef des armées de terre et de mer, qu'il peut commander en personne, ou confier à des généraux dignes de sa confiance par leur braboure et leurs talens. Toutes les autres prérogatives de la royauté devront être celles déterminées par la constitution de 89. Lorsque la France se sera donné cette constitution, son chef, fort de l'affection comme de la puissance de la nation, pourra bien s'affranchir de cette politique artificieuse qui est pour la diplomatie ce que la chicane est pour la justice. Il n'aura pas besoin de se faire représenter dans les cours étrangères par ces vieux et rusés diplomates qui n'inspirent aucune confiance : ces emplois pourront être confiés à des hommes avantageusement connus par leurs talens et les services qu'ils auront rendus à l'état ; car il me paraît indigne d'une grande nation comme de son chef, de faire usage dans les relations de gouvernement à gouvernement, de moyens que l'on regarde comme vils dans les rapports de particulier à particulier. Le gouvernement, en proclamant qu'il ne veut s'immiscer en aucune manière dans les affaires de ses voisins; qu'il renonce à tout accroissement de territoire ; que, pour les rapports commerciaux, il offrira les mêmes avantages que ceux qu'on lui accordera; que franchise et loyauté seront toujours sa devise, doit s'attirer l'estime des cours étrangères ; et la constitution du royaume mettant un terme à toute insurrection, puisqu'elle satisfait complètement le vœu de la nation, les souverains n'auront plus à craindre l'établissement d'une république en France, dont les principes pourraient se propager dans leurs états ; et s'ils craignaient que leurs sujets, jaloux du bonheur et de la prospérité de la France, vinssent à s'insurger pour obtenir les mêmes avantages, alors ce serait à eux de prévenir l'orage par des concessions convenables et proportionnées au degré de civilisation des peuples qu'ils gouvernent. Que l'on ne pense pas que je partage l'opinion de bien des gens qui contestent à Louis-Philippe la validité de son élection de Roi des Français ; pour la régularité, les assemblées primaires auraient dû être convoquées ; mais la situation de la France, après les trois journées de juillet ne le permettait pas, et je regarde comme un acte de prudence du corps législatif de lui avoir déféré le pouvoir exécutif dans cette circonstance. Je crois même que la nation doit au roi de la reconnaissance pour la conduite prudente qu'il a tenue à son avénement au trône en nous évitant une guerre étrangère qui aurait nécessairement amené la guerre civile Si la majorité des députés avait été composée de bons patriotes bien pénétrés des principes de la liberté et de l'égalité des droits naturels, elle n'aurait pas cimenté son pouvoir aristocratique du sang de la portion du peuple exclue par la loi actuelle des élections, de l'exercice de ses droits civiques, et conséquemment de sa participation à la souveraineté nationale. Voilà, si je ne me trompe, la cause de toutes les émeutes qui ont éclaté, et de l'état de fermentation où se trouve la France dans ce moment ; fermentation qui, comme je l'ai dit, peut amener une explosion générale dont les suites sont incalculables. Que la première chambre annule cette loi des privilégiés ; que le principe de l'égalité soit reconnu comme inséparable de celui de la liberté, le calme renaîtra aussitôt, avec l'assurance que chacun aura de rentrer dans son droit. Ne pensez pas, messieurs les notables, que cette portion nombreuse de la nation que vous excluez soit moins digne que vous de l'exercice de ses droits, et que, dans les élections, elle se laissera influencer par les riches pour des dîners, ou par des hommes en place dans l'espoir d'en obtenir des faveurs. Où est l'homme qui tiendrait dans les assemblées primaires table ouverte pour deux à trois mille personnes, et cela pour être électeur, puisque les assemblées primaires nomment seulement les électeurs? Et dans les assemblées électorales qui nomment le député de l'arrondissement, pensez-vous qu'un électeur choisi par ses concitoyens s'avilira et démentira la confiance dont ils l'auront honoré? Non, Messieurs, vous ne le pensez pas; et si vous n'étiez pas privilégiés par votre fortune, vous partageriez ma manière de voir, et vous conviendriez que le mode d'élection que je propose est préférable à celui existant. Mais, me direz-vous, les électeurs pourront faire de mauvais choix, appeler à la législature des hommes turbulens qui se feront toujours un mérite d'entraver toutes les opérations du gouvernement, et paralyseront son action; craintes puériles! je ne dis pas que dans le nombre il ne s'en trouve quelques-uns de cette espèce ; mais la majorité sera toujours bonne, si l'on ne néglige pas le conseil que j'ai donné, que chaque député ne pourra être réélu si la majorité des conseils municipaux de l'arrondissement ne lui a délivré un certificat de satisfaction pour sa conduite comme député. Quant aux hommes en place, ils ne peuvent exercer aucune influence, puisque, nommés députés, il faut qu'ils renoncent à l'emploi qu'ils tiennent du gouvernement s'ils acceptent la dignité de député. Une dernière objection que vous pouvez me faire : Si les députés ne sont pas riches, ils n'ont pas autant d'intérêt au maintien de l'ordre, parce qu'ils possèdent peu. Celui qui possède peu doit y tenir autant et plus que celui qui possède beaucoup ; ce que je dis est trop naturel pour avoir besoin d'être développé, et l'homme jouissant d'une honnête aisance sera toujours moins corruptible que l'homme riche, parce que, si la fortune procure des jouissances, les places donnent de la considération, et l'homme riche a toujours le désir de réunir en sa personne ces deux avantages. Toutes les voix (les privilégiés exceptés) s'élèvent contre le ministère actuel. Le gouvernement établi sur les bases que j'indique, ces clameurs cesseront ; car le corps législatif étant nationalement composé, les ministres n'auront plus en leur pouvoir autant de moyens de corruption. Proposeraient-ils à un député une place à la fin de la session pour s'assurer de son vote dans toutes les occasions, ce député perd l'estime de ses mandataires, et je ne suppose pas que dans les élus du peuple, il se trouvera beaucoup d'hommes qui sacrifieront leur honneur et les intérêts de leurs commettans à leur cupidité ou à leur vanité. Ce n'est pas que je veuille que, par esprit d'opposition, l'on rejette les propositions des ministres ; elles doivent toujours être favorablement accueillies, quand elles n'ont rien de contraire à l'intérêt de la nation et qu'elles ne portent pas atteinte à la constitution établie ; lorsque, au contraire, ces propositions sont faites dans l'intérêt d'une partie de la population, et que, conséquemment elles sont préjudiciables à l'intérêt général, l'opposition de la part des députés est alors un devoir, car les députés, collectivement, ne doivent pas se considérer comme députés de leur arrondissement respectif, mais comme représentans de la nation.

Comme je me suis proposé d'examiner toutes les parties de l'administration, je vais faire quelques observations sur la garde-nationale. Je regarde cette constitution militaire comme le palladium de la liberté et la sauve-garde de la propriété et de la tranquillité publique ; aussi, tout citoyen et fils de citoyen doit en faire partie depuis l'âge de dix-huit ans jusqu'à cinquante inclusivement. Le service qu'on en exige ordinairement n'étant que pour le maintien de l'ordre public, tout citoyen doit y concourir, personnellement ou par un représentant pour les particuliers qui ont des emplois incompatibles avec le service militaire. Les salariés du gouvernement, par une conséquence bien simple du principe que j'ai établi en tête de cet écrit, ne peuvent en être dispensés ; ils doivent le faire personnellement ou par représentans, car jouissant des avantages ils doivent supporter les charges ; et en effet, lorsque l'on voit un pauvre ouvrier, qui n'a que sa journée pour faire vivre sa famille, s'acquitter de ce devoir civique sans murmurer, ne doit-on pas, non-seulement s'étonner, mais s'indigner, que des hommes bien rétribués, et qui ordinairement ont de la fortune, cherchent à s'en dispenser ?

Les maires et leurs adjoints qui remplissent des fonctions gratuites, par la nature même de ces fonctions, sont exempts de concourir à ce service, puisqu'ils sont en permanence d'un service d'une autre nature pour l'intérêt de leurs concitoyens. Lorsque la France aura une représentation vraiement nationale, ce qu'il y a dans cette institution de contraire aux principes de l'égalité et de la justice disparaîtra ; jusque-là, les choses resteront sur le pied où elles sont : nos exclusifs citoyens veulent bien tous les avantages pour eux et les charges pour le peuple : qu'ils ne trouvent pas mauvais cette sor-

tie, ce que je me permets de dire est trop évi-
dent pour que je craigne un démenti.

L'on devra diviser la garde-nationale en
sédentaire et en mobile. La partie sédentaire
n'aurait d'autre service à faire au besoin que
celui de la commune ; elle se composerait
des hommes mariés et célibataires au-dessus
de trente-cinq ans ; la garde-nationale mobile comprendrait tous les jeunes gens de
dix-huit à trente-cinq ans inclusivement;
lorsque son service deviendrait nécessaire
dans l'étendue du département, l'on en dis-
poserait d'après l'ordre de l'administration
supérieure : cette partie de la garde-nationale n'en serait pas moins sous les ordres du
chef commun et assujétie au service com-
munal : voilà l'avantage que j'entrevois dans
cette division. Les jeunes gens s'appliqueront
à l'exercice et aux manœuvres, et dans les
cas prévus dont j'ai parlé, l'on pourrait for-
mer des bataillons de volontaires nationaux
de ces jeunes gens, au lieu de les incorporer
dans les régimens de ligne : c'est de ces bataillons formés en 1790 que sont sortis nos
généraux les plus distingués ; la jeunesse actuelle étant généralement plus instruite que
celle d'alors, et son caractère belliqueux
étant toujours le même, la patrie trouverait
en eux de zélés défenseurs. L'armée régu-
lière pourrait être réduite sans inconvéniens,
et pour ne pas faire perdre leur avenir à une
foule de jeunes gens, la durée du service

pourrait être fixée à quatre ans ; le jeune homme , s'il ne contracte un nouvel engagement , rentre chez lui et fait partie de la garde-nationale mobile. Il me paraît juste que tout homme qui aura servi seize ans puisse entrer dans les bataillons de vétérans; par là, on assurera l'existence des vieux soldats , et ces bataillons deviendront l'arrière-garde de l'armée de ligne. Voilà un système militaire trop national pour que l'on puisse s'attendre à le voir mettre en pratique aujourd'hui; on veut des soldats , et non des défenseurs de la patrie !

Quant à la marine , il est de l'intérêt de la nation de ne pas la négliger ; c'est le moyen le plus sûr de maintenir l'union de la France avec une nation rivale. De même nos colonies doivent fixer l'attention du gouvernement , leurs produits étant devenus pour nous, par l'effet d'une longue habitude, des besoins réels ; celle d'Alger particulièrement , dont la conquête fait tant d'honneur à nos armes, demande les plus vives sollicitudes , puisqu'elle peut suppléer à l'insuffisance de nos colonies d'Amérique son sol étant de nature à nous fournir les mêmes produits que ce pays, et qu'elle peut encore débarrasser la France de la surabondance de sa population.

Je conviens que de long-temps les avantages que nous retirerons de ce pays ne compenseront pas les sacrifices que l'on sera obligé de faire ; mais la génération présente

ne doit-elle rien faire en faveur des générations futures? Je pense tout autrement. Les
hommes d'état du jour n'ont point de vues
si généreuses ; ils se contentent de s'occuper
d'assurer ce qu'ils appellent le bonheur de la
génération présente; et c'est pour parvenir à
ce but si désirable, que dans ce moment ils
mettent tout en œuvre pour empêcher la réé-
lection des députés qui ont manifesté pendant
le cours de la session dernière des opinions li-
bérales, et conséquemment contraires à leur
système, qui est de régir la France par des lois
d'exception; de porter atteinte, sous les plus
frivoles prétextes, à la liberté individuelle;
de surcharger le peuple d'impôts, de le ré-
duire à la misère, présumant qu'il sera plus
facile de le contenir sous le joug ; et quand
ils auront réalisé ce beau projet, ils nous
diront avec emphase : la France est heureuse, puisque la tranquillité et la paix in-
térieure existent ; mais quelle paix lui pré-
parez-vous? c'est la paix des tombeaux! une
immense population dans un état voisin de
la misère, et une poignée d'orgueilleux aristocrates écrasant de leur mépris dédaigneux
le reste de la nation, que l'on prive de ses
droits naturels. Pensez-vous qu'un pareil
ordre de choses puisse long-temps subsister? Si vous le croyez, vous êtes dans l'er-
reur ; je vous l'ai dit, je vous le répète ; il
faut que chacun jouisse de son droit , et
pour cela il faut que les électeurs soient
nommés par les assemblées primaires?

Je passe maintenant aux impositions, qui se composent des contributions directes et indirectes. Ces dernières sont supportées par la généralité des habitans, et comme elles sont établies sur des objets de consommation, la classe la moins aisée est celle, proportions gardées, qui paie le plus : la contribution directe, qui est l'imposition personnelle, mobilière, et la taxe des portes et fenêtres, l'ouvrier la paie du prix de ses sueurs; l'homme d'une médiocre aisance, l'acquitte par les privations qu'il s'impose, elle n'est pour le riche qu'une faible soustraction de son superflu. L'imposition foncière est payée par qui possède des immeubles, en proportion de leur valeur; le particulier qui a un revenu de 3,000 francs, je le considère comme un homme jouissant d'une honnête aisance; celui qui a 10,000 francs de rente, je le considère comme un homme riche; mais ceux qui ont 30, 40 et 50,000 fr. de revenu, je dis que ce sont des gens très-riches. Tous ces propriétaires doivent-ils être taxés dans la même proportion? je crois qu'il n'y aurait pas d'injustice à établir des gradations entre eux, et en maintenant pour les rentiers de 3,000 francs l'impôt tel qu'il est : pour l'excédant de 3,000 francs, jusqu'à 10,000 fr.; l'on pourrait ajouter un centime par franc, 2 cent. de 10 à 20,000 fr., 3 cent. de 20 à 30.000 fr., 4 cent. de 30 à 40,000 fr., 5 cent. de 40 à 50,000 fr. et pour tous revenus plus considérables ; par cette augmentation du produit de l'impôt foncier, l'on pourrait affranchir de l'imposition de la taxe personnelle, les simples ouvriers, qui, pour la plupart, n'ont que leur journée pour faire vivre leur famille. Les hommes de cette classe nombreuse qui seraient jaloux de participer à l'exercice des droits civiques se feraient inscrire au rôle de l'imposition personnelle pour trois journées de travail, et ils auraient le droit de voter dans les assemblées primaires et dans les assemblées communales. Tout votant devra justifier de son droit aux élections en présentant la quittance des termes échus de sa contribution ; un moyen simple d'alléger pour le peuple le fardeau des impôts, serait une réduction dans le traitement des premiers fonctionnaires du royaume, tels que les ministres, préfets, et autres premiers fonctionnaires, beaucoup trop rétribués pour le travail qu'ils ont à faire ; l'on dispenserait ces Messieurs de toutes les dépenses de représentation, qui procurent quelques plaisirs à une faible portion de la population des chefs-lieux, et dont les frais sont supportés par la masse des contribuables. Je pourrais également signaler bien d'autres abus, autant préjudiciables aux intérêts du fisc que contraires à la justice, tels que le cumul des traitemens, des sinécures, et tant de profusions scandaleuses qui sont le prix des sueurs du peuple. Dans l'ordre de choses actuel , l'on donne beaucoup à ceux qui possèdent beaucoup, et ceux qui ont peu , eu égard à ce peu, sont obligés de donner beaucoup. Avec une représentation nationale , comme je l'établis , tous ces abus disparaîtront ; les législateurs n'auront aucun intérêt à les maintenir ; alors, et pas plus tôt, l'on pourra voir abolir l'impôt sur le sel, ou au moins paraître une heureuse modification ; la suppression du monopole des tabacs , et peut être une réduction sur les autres impôts.

La diversité des opinions politiques, est l'effet de l'opposition des intérêts ; d'où il s'ensuit que les personnes qui liront cet écrit , approuveront et désapprouveront les principes que je développe. Les électeurs actuels qui trouveraient plus flatteur pour eux de devoir ce titre à leur mérite personnel qu'à la loi qui l'accorde à leur fortune, partageront ma manière de voir ; ceux au contraire que la loi favorise, et qui n'ont aucun titre à la confiance publique , le désapprouveront et regarderont mes opinions comme erronées, et feront toutes les objections possibles pour prouver l'impossibilité d'établir une monarchie sur les bases de l'égalité des droits ; ma réponse à cette première objection est que l'assemblée constituante avait sans doute reconnu que la souveraineté résidant dans le peuple , tout citoyen devait participer à son exercice ; elle n'y avait mis

d'autres conditions que de payer une contribution personnelle de trois journées de
travail. C'est ce que je demande et ce que la
majorité des Français désirent. Dans ces assemblées primaires il y aura tumulte et ca-
bale, deuxième objection ; je n'en ai point
vu pour les élections municipales , et je demande comment se font les élections des
colléges électoraux. Les électeurs choisis par
le peuple et qui devront nommer le député
de leur arrondissement , s'ils ne sont pas
tous riches, seront, je n'en doute pas, des
hommes d'honneur et d'une probité reconnue,
par conséquent dignes de les représenter. Troisième objection , vous admettrez à l'exercice des droits civiques, à la condition de
payer la contribution personnelle, les jeunes-
gens de 21 ans, fils de citoyens, mais vous
y mettez une restriction, qui est de passer à
l'examen du conseil municipal de leur commune ; vous établissez par là une inquisition
politique ; vous excluez tout homme d'une
immoralité notoire, tout homme qui aurait
fait faillite et toutes personnes qui auraient
encouru un jugement de police correc-
tionnelle ; avez-vous le droit de priver ces
gens de l'exercice de leurs droits civiques ?
Oui sans doute ; toute société a le droit de
repousser de son sein un membre qui la
déshonore ; voilà ma réponse, pour les
hommes d'une dépravation scandaleuse ;
les banqueroutiers doivent être exclus, si

leur faillite a été, par un jugement, reconnue frauduleuse, et ne pourront être réintégrés dans leurs droits qu'après réhabilitation de commerce. Quant aux jeunes-gens, ce qui m'a donné l'idée de les soumettre à la censure des conseils municipaux, c'est que je ne veux pas qu'ils puissent dire je suis citoyen pour 3 francs, mais j'ai été jugé digne par mes pères de jouir des droits de citoyen ; et tout cela je le désire ainsi dans l'intérêt de la morale publique.

Français, mes compatriotes, qui lirez cet écrit, je suis bien éloigné, en vous faisant connaître vos droits, de vous engager à l'infraction de vos devoirs, remplissez-les rigoureusement ; mais comme il n'existe pas encore de lois qui vous interdise de faire connaître vos vœux par la voie des pétitions, profitez-en, bientôt peut-être il ne sera plus temps : c'est ce qui m'a déterminé à mettre cet écrit au jour ; mon patriotisme désintéressé est bien connu de mes concitoyens ; je n'ai d'autre ambition, que celle du bien public et mon unique désir est de voir finir nos funestes dissentions politiques, la constitution de 1789 dont la base est la déclaration des droits de l'homme, m'a paru être le port qui pouvait seul offrir un asile sûr au vaisseau de l'état, je considérerai toujours la France dans un état permanent de fermentation jusqu'au moment où l'on reviendra au point d'où l'on est parti. Ne balancez pas à suivre le conseil que je vous donne , ou résignez-vous à voir s'affermir cette aristocratie si destructive de l'égalité sociale.

CHAPITRE III.

Mon intention était de m'arrêter au chapitre précédent, mais ce qui se passe dans ce moment à l'occasion de l'élection du député de l'arrondissement me détermine à reprendre la plume.

Intrigues, cabales, influence en sens contraire, voilà ce que tout observateur, électeur ou non, aperçoit; influence colorée de l'intérêt de l'arrondissement, de la part d'une partie des électeurs satisfaits de l'ordre de choses existant, qui leur offre une belle perspective, pour faire élire un homme dévoué au ministère ; influence de la part des électeurs qui désirent des améliorations, pour maintenir l'ex-député, qui, dans la dernière session a fait preuve d'attachement aux principes d'intérêt général : cette dernière influence, qui s'exerçait particulièrement sur les électeurs de la campagne, a triomphé. Ces bons cultivateurs, ainsi que les gens de la ville, voient bien que leurs intérêts ne sont pas très-bien placés entre les mains du juste-milieu.

Les élections indirectes peuvent seules

faire cesser cette lutte d'intérêts opposés ; nationales par leur nature, elles n'excluent personne ; la fortune, les capacités, l'industrie, tout sera confondu dans les assemblées primaires ; l'intérêt particulier y sera comprimé par la masse des votans intéressés à nommer des électeurs intelligens, capables d'apprécier les qualités requises pour être député. Ce ne pourra être que la première chambre formée d'après ce mode qui fera cesser les abus existans, pourra établir un système économique de finances mais sans lésineries, et par là allégera pour le peuple le fardeau des impôts. L'aristocratie se verra forcée de plier la tête sous le niveau de l'égalité des droits. Point d'inquiétudes pour vos fortunes, riches, vous en jouirez aussi paisiblement que vous en avez joui jusqu'à ce jour : ce peuple, que vous redoutez et que vous méprisez encore plus, ne vous ravira pas vos biens ; il connaît aussi bien aujourd'hui qu'en 1789 les titres de propriété. Dans l'ordre de la nature, les hommes naissent libres et égaux, nous sommes tous membres d'une même famille, dont le roi, dans l'ordre social, doit se regarder comme le père commun, et s'il lui était permis d'avoir un amour de prédilection pour une partie de ses enfans, ce doit être pour les plus pauvres ; cette classe nombreuse ne demande que du travail pour se procurer un pain grossier qu'elle arrose de ses sueurs.

La classe intermédiaire entre celle-ci et celle des riches, peut être appelée avec raison la classe des lumières et des capacités ; que le roi répande également ses faveurs sur les individus qui la composent et sur ceux de la classe la plus riche ; alors tout le monde devra être satisfait. Je le serai moi-même, si cet écrit peut contribuer à réaliser ce beau rêve, qui, s'il devient une réalité, assurera le bonheur de mes concitoyens, non-seulement dans la génération présente, mais même dans les générations à venir. J'aime à me faire cette douce illusion, dans l'intime persuasion où je suis que toute institution fondée sur la justice doit subsister long-temps. Me reportant par la pensée au jour de la première révolution, j'en parcours toutes les phases jusqu'à celle de 1830, et tout me prouve que ce n'est que l'intérêt général sacrifié à l'intérêt particulier qui a fait éprouver à la France tant de vicissitudes : tenons donc à l'intérêt général, si nous voulons de la fixité dans le gouvernement. Où trouverez-vous cet intérêt général mieux garanti que dans la constitution de 1789 ? il faut y revenir. On eut dû le faire après les journées de Juillet 1830, la circonstance était favorable ; aujourd'hui, il y a plus de difficultés à surmonter, mais il ne faut pour cela que la manifestation du vœu général, et pour l'exécution, une loi des élections conforme au mode que j'ai développé : alors la souveraineté du peuple sera réelle et non fictive comme elle l'est aujourd'hui.

FIN *de mon travail, terminé le 14 juillet 1834, date et mois d'un grand souvenir pour les vieux patriotes.*

SOYMIÉ père.

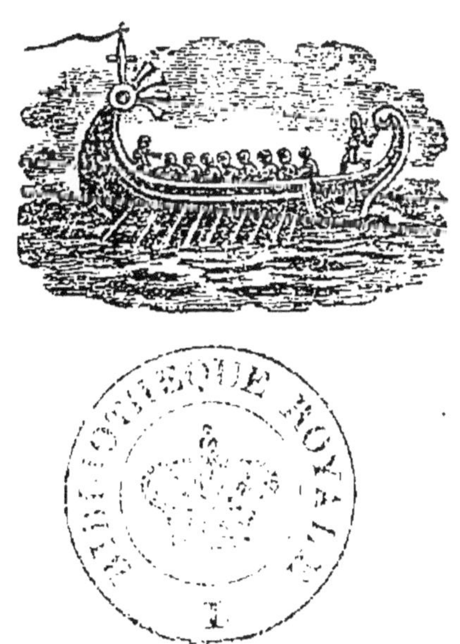

Vannes, Imprimerie réeN. de Lamarzelle.